MANUEL DES ASSUREURS

INSTRUCTIONS PRATIQUES

CONTENTIEUX

Par M. Auguste LASSAIGNE,

Avocat,

Inspecteur de la Compagnie l'Urbaine

PARIS

JOURNAL DES ASSURANCES

83, rue de Richelieu, 83

1880

LE

CONTENTIEUX DE L'ASSURANCE

CONTRE L'INCENDIE

IMPRIMERIE GÉNÉRALE DE LYON
Rue de Condé, 30.

LE CONTENTIEUX

DE

L'ASSURANCE CONTRE L'INCENDIE

MANUEL

A l'usage spécial des jeunes gens qui se destinent à l'inspection.

SOLUTION PAR LA DOCTRINE
ET LA JURISPRUDENCE, DE TOUTES LES QUESTIONS
LITIGIEUSES QUE PEUT RENCONTRER UN INSPECTEUR
DANS LES DIFFÉRENTES MISSIONS
QUI LUI SONT CONFIÉES.

Suivi d'un annexe, contenant tous les modèles d'actes
de procédure concernant la matière.

Par M. Auguste LASSAIGNE,
Inspecteur de la Compagnie l'Urbaine.

PARIS
JOURNAL DES ASSURANCES
83, RUE DE RICHELIEU, 83

1880

Lettre de M. Leriez, directeur de l'Urbaine.

Paris, le 8 septembre 1879.

MONSIEUR,

J'ai lu avec un vif intérêt votre ouvrage sur le contentieux de l'assurance contre l'incendie et j'y ai trouvé réunies des qualités qui se rencontrent rarement ensemble : une connaissance approfondie de la matière technique de l'assurance, et une science exacte et sûre des principes généraux de la jurisprudence et du droit.

Les assurances contre l'incendie sont une création toute moderne ; c'est une application ingénieuse des idées de prévoyance et de calcul, réalisant, avec une régularité et une sûreté supérieures, des bienfaits que, dans les temps anciens, l'on ne pouvait attendre que d'une générosité douteuse, intermittente et précaire.

En pareille matière, le jurisconsulte de nos jours ne peut demander aucun secours à ces lumineux écrits de la sagesse romaine ou des Domat et des Pothier, qui partout ailleurs sont ses guides.

Cette inévitable lacune rend ici plus utiles que jamais les nouveaux livres qui résument les leçons de la pratique contemporaine, qui coordonnent des décisions relativement récentes et qui fassent surgir, du sein des faits, la théorie qui les explique et les éclaire.

Ce n'étaient pas seulement vos études antérieures qui vous appelaient à faire l'un de ces livres ; c'était aussi, permettez-moi de le dire, cet esprit de conciliation qui, dans votre longue carrière d'inspection, a toujours animé votre conduite et vos actes.

On pourrait dire de l'esprit de conciliation ce qu'on a dit de la religion : « un peu de science en éloigne, beaucoup de science y ramène, » et je pourrais presque prédire que, fidèle aux intentions et à la manière d'agir de son auteur, le livre excellent que vous offrez à vos collègues et au public, en précisant le droit de chacun, en instruisant impartialement de leurs devoirs respectifs assureurs et assurés, préviendra encore plus de procès, qu'il n'aidera à en diriger ; et pourtant, dans le cas malheureux où des droits lésés seraient, en fin de compte obligés de recourir à la justice, les leçons que contient votre ouvrage n'en seraient pas moins pour eux la meilleure et la plus précieuse des sauvegardes.

Veuillez bien agréer, Monsieur, l'expression de mes dévoués sentiments.

E. LEVIEZ.

Lettre de M. Desfrançois, directeur-adjoint de l'Urbaine.

Paris, le 9 août 1879.

Monsieur Lassaigne,

Je ne saurais qu'approuver le projet que vous m'avez communiqué d'un manuel pouvant servir de guide aux jeunes inspecteurs dans les questions litigieuses qu'ils sont appelés à traiter.

Recrutés, pour la plupart, parmi les employés des bureaux qui révèlent quelque aptitude pour les fonctions d'inspecteur, il en est peu qui soient bien au courant du droit et de la procédure, et c'est de ce côté surtout qu'ils éprouvent quelque embarras quand ils débutent.

C'est leur rendre service que de leur tracer la marche à suivre dans les questions litigieuses, en posant les principes et indiquant les formules.

Votre manuel ne sera pas non plus inutile aux agents, les Compagnies leur confiant souvent des règlements de sinistres dans lesquels peuvent surgir les questions traitées par vous, avec la compétence que vous donnent votre longue expérience et vos connaissances spéciales.

Je souhaite bon succès à votre œuvre, et vous prie d'agréer l'expression de mes sentiments dévoués.

F. DESFRANÇOIS.

INTRODUCTION

Je suis entré à la Compagnie l'*Urbaine* comme inspecteur, après avoir fait mon droit et avoir été dix ans principal clerc d'avoué à Paris.

Mes aptitudes spéciales m'ont, tout d'abord, désigné à mon directeur pour les questions litigieuses, et, depuis 25 ans, je m'en suis plus particulièrement occupé.

Dans ces circonstances, je me crois autorisé à donner, sur ces questions, aux jeunes gens qui se préparent à l'inspection, des conseils puisés dans ma longue carrière.

Toutefois, je n'ai pas voulu livrer ce manuel à la publicité, sans avoir pris conseil de mes directeurs et avoir obtenu leur approbation.

Je crois ne pouvoir mieux faire, pour rendre hommage à leur bienveillance, que de mettre en tête de ce livre, les lettres que j'ai reçues d'eux à ce sujet.

Le contentieux, en inspection, peut se résumer à trois points :

1° Procès pour sinistres.

2° Procès en recouvrement de primes.

3° Actions contre les agents, soit pour remise du service et des pièces et reddition de compte, soit pour malversations.

J'ai traité dans cet ouvrage toutes ces questions, je me suis étendu sur celles relatives aux deux premiers paragraphes parce qu'elles se renouvellent constamment et présentent le plus de difficultés.

J'ai indiqué la jurisprudence en rapportant les arrêts et jugements rendus, afin de mettre l'inspecteur à même de parer à toutes les éventualités, avec des documents puisés aux meilleures sources ; j'ai cité les doctrines des principaux auteurs en matière d'assurances, préférant ce système à celui qui aurait consisté à émettre mon opinion seule ; les solutions présentées ont, par suite, une plus grande autorité.

J'espère parvenir ainsi à aider mes jeunes collègues dans cette partie si aride du service, mais je ne saurais trop leur recommander d'éviter, autant que possible, les procès, toujours nuisibles aux Compagnies et souvent dangereux pour elles, à raison de la tendance qu'ont souvent les tribunaux à protéger les assurés, surtout sur les questions douteuses.

Avant de traiter les questions litigieuses proprement dites, en matière de règlements de sinistres, j'ai cru devoir indiquer la marche générale à suivre dans ces règlements ; ce qui m'a déterminé à la tracer avec détail, c'est qu'il s'y rencontre souvent des difficultés de pratique et de conduite qu'il suffit quelquefois de vaincre pour prévenir tout débat contentieux.

J'ai ajouté, dans ce manuel, un modèle de tous les actes de procédure qu'un inspecteur peut avoir à faire ou à prescrire dans le cours de ses missions.

Ces modèles me paraissent très-utiles, car il n'est pas rare de se trouver dans une localité où les officiers ministériels les plus capables, sont étrangers aux particularités techniques de la matière.

Les Compagnies, dans leurs polices, ont, en fait, toutes à peu près les mêmes conditions générales, mais les numéros des articles peuvent ne pas être les mêmes ; je préviens, ici, que je prends pour type celle de l'*Urbaine*.

DIVISION DE LA MATIÈRE

Je diviserai ce manuel en trois parties, pour faciliter la recherche des questions traitées.

La *première partie* aura pour objet les questions si multiples qui se rattachent aux règlements de sinistres

La *deuxième partie* embrassera les contestations relatives au recouvrement des primes.

La *troisième* concernera les actions qu'une Compagnie peut être obligée d'exercer contre un agent.

Je terminerai par un annexe contenant le modèle de tous les actes de procédure utiles au moment où toutes ces questions sont portées devant les tribunaux.

PREMIÈRE PARTIE

LE

CONTENTIEUX DE L'ASSURANCE

CONTRE L'INCENDIE

CHAPITRE PREMIER

Réglement d'indemnités de sinistre.

Marche à suivre dans un règlement d'indemnités de sinistre.

L'événement en vue duquel l'assurance a été contractée est arrivé : l'incendie, l'explosion de la foudre ou du gaz ont causé à un propriétaire le dommage que la Compagnie d'assurances doit réparer, l'assuré va recevoir, la Compagnie aura à verser une somme, énorme peut-être, dont la contre-partie n'a été, à la charge de l'un et au profit de l'autre, qu'une prime annuelle tellement faible, qu'elle est tout à fait insignifiante en regard de l'indemnité dont elle est le germe. Comment cette somme à verser sera-t-elle réglée?

L'équité, la raison, la justice, doivent présider à cette détermination. Il faut que la Compagnie ne paie que ce qu'elle doit et, cependant, il convient à son intérêt même que l'assuré, s'il est possible, et, dans tous les cas, l'opinion publique reconnaissent que la Compagnie assurante a exécuté sa promesse loyalement et avec honneur.

Tel est le but à atteindre; il est assez sérieux pour que les Compagnies chargent souvent leurs inspecteurs de présider directement à ces opérations importantes.

On a dit quelquefois que, comme l'assurance contre l'incendie s'applique à toutes choses, les connaissances nécessaires pour devenir inspecteur devraient être infinies; c'est surtout pour les règlements d'indemnités de sinistre que cette universalité d'instruction technique semblerait indispensable.

En effet, pour remplir complètement les missions de ce genre, l'inspecteur aurait besoin d'avoir été initié par la pratique à toute espèce de commerce et d'industrie, d'avoir fait des études d'ingénieur, d'architecte et de chimiste industriel ; il est vrai qu'il est assisté d'experts capables, qui suppléent à son insuffisance ; mais s'il savait par lui-même, il pourrait mieux apprécier le travail des hommes spéciaux, il pourrait au besoin les aider de ses conseils ; il arrive même quelquefois que, dans certaines localités, les experts font défaut : c'est là que des connaissances spéciales sur chaque matière seraient nécessaires à l'inspecteur ; comment les réunirait-il toutes ? Une grande pratique finit par y suppléer, du moins en partie.

A vrai dire, le principal rôle de l'inspecteur consiste, tout en surveillant le règlement, à s'occuper surtout de la juste appréciation des conditions du contrat d'assurance. Ce qu'il lui faut donc avant tout, c'est une connaissance parfaite de la police, une intelligence sûre de son esprit et de sa lettre ; il doit d'ailleurs être en mesure d'exposer les vrais principes, de les faire comprendre aux experts, à l'assuré et à ses conseils. Rectitude de jugement, promptitude d'esprit qui permettent d'apprécier vite et bien, des situations souvent confuses et en présence desquelles pourtant il faut prendre une décision rapide ; beaucoup de tact, une grande connaissance des hommes, une certaine froideur de caractère, une grande modération de langage, voilà les qualités que doit s'efforcer de s'approprier un inspecteur.

Son premier soin, quand il est chargé d'un réglement, c'est de rechercher si la prime est payée.

Les agents fixent, il est vrai, leurs Compagnies sur ce point; mais il peut malheureusement arriver qu'ils dissimulent la vérité, quelquefois sans le savoir, trompés eux-mêmes par le fait d'un sous-agent. Si la prime n'a pas été payée à son échéance, ou dans le délai légal, l'assuré est déchu de tout droit à une indemnité; l'inspecteur doit, dans ce cas, refuser tout règlement et aviser de son refus sa Compagnie. Cette question de déchéance par suite du défaut de paiement de la prime donne lieu, il est vrai, à beaucoup de difficultés et de controverses; j'y reviendrai en exposant la jurisprudence.

Si la prime est payée, l'inspecteur, avant de se rendre sur les lieux, doit se munir de toutes les pièces relatives à l'assurance et au sinistre, notamment de la police, de la déclaration que l'assuré a dû faire devant le juge de paix, du fait de l'incendie et du montant approximatif des dommages, ainsi que de l'état détaillé des pertes mobilières.

A son arrivée sur le théâtre du sinistre, l'inspecteur examine, la police à la main, si toutes les indications qu'elle contient sont conformes à la réalité et à l'état des faits, notamment en ce qui concerne la qualité de l'assuré, le genre de construction et de couverture des bâtiments, l'industrie qu'exerçaient l'assuré et les autres occupants de l'immeuble incendié, si l'assuré ne l'habitait pas seul ; l'inspecteur se fait communiquer les titres de propriété, dans le cas où il s'agit d'une indemnité à payer au propriétaire de l'immeuble ; c'est après l'examen de tous ces points qu'il est procédé à la nomination des experts et au règlement du sinistre.

Il arrive quelquefois que l'assuré ne sait pas signer ; dans ce cas, l'inspecteur doit exiger de lui une procuration notariée ; un acte fait en brevet suffit.

Pour éviter une rédaction incomplète ou mauvaise, l'inspecteur fera bien de dresser lui-même un modèle. (Voir modèle n° 1. — *Annexe.*)

Quant au choix de l'expert, que la Compagnie doit nommer pour agir de concert avec l'expert désigné par l'assuré, ce choix est généralement laissé par la Compagnie à l'inspecteur ; c'est à lui à demander le concours de la personne qu'il croit le plus apte à apprécier les objets dont il s'agit ; son choix doit plus particulièrement se porter sur les hommes ordinairement employés par les Compagnies d'assurances ; s'il n'y a pas d'expert de ce genre dans la localité, il ne doit pas craindre de faire venir, même de loin, un homme expérimenté, dont la capacité compensera largement les dépenses de déplacement.

Toutes les Compagnies se servent, à peu près, des mêmes experts spéciaux pour certains sinistres importants ; l'inspecteur devra faire en sorte, quand il aura un de ces sinistres à régler, de se réserver le concours de l'un d'eux.

Dans le cas où la Compagnie aurait l'habitude de désigner elle-même ses experts, il attendra naturellement des instructions avant de constituer l'expertise.

Les experts nommés, il devra surveiller l'opération avec soin, rester continuellement en rapport avec les experts, pour être prêt à résoudre, par ses explications et ses réponses, toutes les difficultés, toutes les questions qui peuvent surgir.

Pendant le cours de l'expertise, et même avant, s'il en a le temps, il devra, pour se fixer sur la cause du sinistre, prendre tous les renseignements nécessaires, soit auprès des voisins, soit auprès de l'autorité publique, du commissaire de police, des gendarmes, etc.

Si le règlement se prolonge, l'inspecteur devra envoyer às a Compagnie des rapports pour la mettre au courant de ce qui se passe et lui demander au besoin ses instructions ; toutefois, comme il est sur les lieux, et que ce contact immédiat avec les hommes et les choses lui permet d'étudier de près les difficultés et de trouver les moyens d'y faire face, il doit, dans ses communications avec l'administration dont il est le mandataire, commencer par émettre son opinion et en attendre l'approbation.

Dans un règlement, les experts ne sont pas toujours d'accord, mais les conditions de la police et les termes de la nomination des experts ont prévu le cas et indiqué ce qu'il y a à faire dans cette conjoncture.

En effet l'article 17 (*Urbaine*) est ainsi conçu :

« Les dommages d'incendie sont réglés de gré « à gré ou ensuite d'enquête, s'il y a lieu, par « deux experts choisis par les parties, soit sur « les lieux, soit ailleurs. Ils s'adjoignent, s'ils ne « sont pas d'accord, un troisième expert. Les trois « experts opèrent en commun, à la pluralité des « voix ; les parties peuvent exiger respective- « vement que le troisième expert soit pris hors de « l'arrondissement où réside l'assuré.

« Faute par l'une des parties de nommer son « expert, ou par les experts de s'entendre sur « le choix d'un troisième expert, il est désigné « d'office par le président du tribunal de com- « merce ou, à son défaut, par le président du tri- « bunal civil de l'arrondissement où le sinistre « a eu lieu. »

Cet article prévoit aussi l'hypothèse où l'une

2° Le constructeur qui ne livre pas le bateau promis à l'époque convenue, et qui par ce fait occasionne un préjudice à son client, est passible de dommages intérêts.

Dukaut contre Slinger et Dumas

Lorsqu'un marché est nié et que le demandeur ne justifie pas qu'un traité a existé entre lui et le défendeur, il doit être débouté de sa demande.

Richard contre les époux Darannier

1° Quand une société en nom collectif est arrivée à son terme et que les affaires sont continuées par les mêmes personnes, elle devient une société de fait, à durée illimitée.

2° Une demande en dissolution d'une société à durée illimitée, basée sur l'article 1869 du Code Civil, n'est pas recevable quand la renonciation n'est pas faite de bonne foi. Mais elle doit être accueillie lorsque le défendeur consent à la dissolution moyennant une indemnité, et alors que la mésintelligence des parties pourrait compromettre leurs intérêts.

3° L'associé qui a provoqué une dissolution intempestive, après s'être assuré des magasins et locaux occupés en commun pendant un grand laps de temps, commet un acte blâmable et il est passible de dommages-intérêts envers son ancien associé.

4° Lorsqu'il n'y a pas entente entre les associés, la liquidation de leurs affaires devra être confiée à un tiers liquidateur.

5° Les frais de liquidation étant d'essence sociale, doivent être supportés par les associés, par portions égales.

Halguyet contre Bartabure

Lorsque, par suite de l'inexécution des conventions intervenues entre un armateur et un chargeur, ce dernier est obligé d'expédier par chemin de fer les marchandises qui devaient être embarquées, l'armateur est tenu de payer la différence de transport existant entre le prix convenu et le tarif du chemin de fer.

Son et compagnie contre Pétros

———

Lorsque des marchandises expédiées en grande vitesse ne parviennent même pas dans les délais réglementaires de la petite vitesse, le destinataire a droit, non seulement à la réparation du préjudice causé par le retard, mais encore à la détaxe du transport qui devra être ramené au tarif de la petite vitesse.

Dacosta-Rodrigues contre la Compagnie du Midi

———

La demande reconventionnelle tendant à établir que la société de fait existant entre parties pour l'exploitation des jeux d'un casino avait aussi pour but l'exploitation d'un kursal à l'étranger, est non recevable et mal fondée, lorsqu'il résulte de tous les faits et circonstances de la cause qu'il n'existe aucun intérêt commun entre les deux entreprises et que les opérations des deux maisons de jeux sont complètement distinctes.

Rivière contre Ducos

———

Le destinataire de marchandises est non seulement fondé à refuser le paiement de la lettre de voiture, lorsque la compagnie ne livre pas le nombre de colis faisant l'objet du transport, mais il a encore le droit d'exiger la valeur du colis perdu.

La Compagnie du Midi contre Baylère frères

1° Lorsqu'un jugement, contradictoirement rendu, a ordonné une expertise et qu'au jour fixé pour la discussion du rapport le défendeur fait défaut, le défaillant, après examen et homologation du rapport par le Tribunal, devra être condamné à payer la somme due.

2° Si l'opposition à ce jugement de défaut est régulière, elle devra être admise dans la forme, mais une demande en sursis sans plaider le fond, sous le prétexte que le premier jugement a été frappé d'appel, n'est pas recevable alors que les jugements des Tribunaux de Commerce sont exécutoires par provision.

3° La demande en sursis étant rejetée, la partie ne saurait utilement demander acte au Tribunal de ses réserves et de ce qu'elle entend faire appel de la décision, quand son droit reste intact aux termes de la loi.

Dubray contre Duhan

L'action dirigée par un non commerçant, en paiement d'un billet souscrit en sa faveur par un commerçant et avalisé par sa femme, est recevable contre celle-ci, quoique non marchande publique.

Mognelli contre dame Singher

L'une demande en dommages-intérêts intentée à une compagnie de chemin de fer par un voyageur, sous le prétexte que l'arrivée en retard du train qui le transportait ne lui a pas permis de profiter du départ d'un bateau à vapeur, n'est pas recevable quand il est établi qu'alors même que le train serait arrivé à l'heure réglementaire, le dit voyageur n'aurait pas pu profiter de ce départ.

Core contre la Compagnie du Midi

1° Le Tribunal de Commerce de l'arrondissement où la marchandise est livrée et où le paiement doit être effectué est compétent pour connaître des difficultés existant entre l'expéditeur et le destinataire.

2° L'avis d'une traite tirée sur l'acheteur pour le montant des marchandises expédiées ne saurait modifier les principes de l'article 420 du Code de procédure civile ni changer les conventions des parties.

Harriet contre Robert

1° La personne qui, aux termes d'un traité s'engage à désintéresser, moyennant une somme déterminée, les créanciers d'une autre personne, d'après un état dressé, est obligée de payer aux dits créanciers la totalité des sommes portées sur l'état et de le justifier, non par ses livres, mais par des quittances libératoires au profit du débiteur, et ce, dans un délai fixé à peine d'une contrainte.

2° Le refus de payer certains créanciers, malgré une mise en demeure, ayant occasionné des poursuites contre le débiteur principal, la personne chargée de désintéresser les créanciers devra intervenir et supporter une part proportionnelle des frais.

3° Lorsque dans une instance il est reconnu qu'il existe des fautes réciproques et qu'aucun préjudice n'a été causé, il n'y a pas lieu d'allouer des dommages-intérêts. Toutefois les dépens pourront être inégalement répartis entre les plaideurs.

Nicolas contre Roby

Le commerçant qui confie à un autre commerçant du froment pour lui être rendu en mêmes qualité et quantité dans un délai déterminé, est fondé à réclamer l'exécution des conventions intervenues dans un délai fixé, et à défaut il a droit à de justes dommages-intérêts.

Lagelouse-Iiriart contre les mariés Tujan

Lorsque les objets commandés ne sont pas conformes aux indications spéciales de la commande, le destinataire est fondé à les laisser pour compte.

Boulard contre Millon

1° Les assureurs sur facultés sont fondés à opposer à la demande en paiement d'avaries grosses, fixées amiablement, la fin de non-recevoir édictée par les articles 411, 415 et 416 du Code de Commerce, alors surtout qu'ils avaient averti l'assuré qu'ils ne voulaient concourir à aucun règlement extra-judiciaire.

2° Les conclusions prises à l'audience par le demandeur contre le défaillant ne peuvent être transformées ni modifiées, quand, sur l'opposition faite au jugement, il est plaidé au fond.

3° Quelle que soit la cause ou la provenance de la perte ou des avaries de la marchandise, l'exception tirée des articles 435 et 436 du Code de Commerce est opposable au destinataire qui a reçu la marchandise sans protestation ni réserve.

4° Le concours donné par l'agent d'un comité d'assureurs, soit pour le sauvetage des marchandises, soit pour les réparations du navire, ne saurait dispenser le destinataire, à l'arrivée du steamer, des formalités prescrites, alors que cet agent était sans qualité pour engager la compagnie.

Landré et Roby contre la Compagnie l'Atlantique

N'est pas recevable dans sa demande, l'expéditeur qui réclame le montant d'un colis perdu et des dommages-intérêts quand il est établi que le destinataire a reçu le nombre de colis portés sur la lettre de voiture et qu'il en a acquitté le transport sans protestation ni réserve.

Meyer et comp. contre la Comp. du Midi, la Comp. du Midi contre la Comp. d'Orléans, et la Compagnie d'Orléans contre Eymard

---

L'acheteur d'un cheval qui, d'après les conventions établies, doit le retirer de chez son vendeur en en payant le prix, ne saurait se soustraire à cette obligation sous le prétexte que le dit cheval est atteint de vices rédhibitoires. Ses droits réservés quant à ce, l'acheteur doit exécuter le marché.

Laulon contre Lasserre

Est résiliable le marché aux termes duquel un tonnelier s'est engagé à fabriquer des fûts qu'il n'a pas livrés et ce sans préjudice de dommages-intérêts.

Klotz contre Lavigne

Le négociant qui s'engage à livrer certaines marchandises et qui n'exécute pas son engagement, sous prétexte de confusion de nom et d'insolvabilité de l'acheteur, est passible de dommages-intérêts. De plus le marché peut-être résilié, alors que sa prétention n'est pas justifiée.

S. Martin et compagnie contre Gignoux et compagnie

L'accepteur d'une traite causée valeur reçue en marchandise

est obligé de l'acquitter à son échéance. Une demande en garantie contre le tireur, en admettant que l'acceptation fut faite à découvert, ne saurait être accueillie qu'autant que la dite traite serait payée.

Besons contre Tobi-Moulès

Lorsqu'il résulte des livres régulièrement tenus d'un commerçant la preuve que le défendeur est débiteur de la somme réclamée, celui-ci doit être obligé à la payer, alors que dans ses observations le défendeur ne peut valablement contredire les prétentions du demandeur.

J. Castro contre Mendibourre

L'assignation donnée à un domicile qui n'est pas le véritable domicile de l'assigné est nulle et de nul effet.

Labiaguerre contre Ylhurbiéqui

Le marché à livrer contracté par un voyageur de commerce engage la maison qu'il représente alors que l'acheteur, offrant toutes garanties, en a réclamé l'exécution à diverses reprises. Par suite, l'action en résiliation et en dommages-intérêts pour l'inexécution de ce marché est recevable.

Lagrange contre Nenk

Le vendeur qui ne livre pas la chose promise, ou qui n'en livre qu'une partie, est passible de dommages-intérêts avec résiliation du marché.

Recart contre Darrieumerlou

Lorsque le transporteur ne livre pas dans les délais réglementaires les marchandises dont le transport lui a été confié et que le retard occasionne un préjudice, il y a lieu d'accorder des dommages-intérêts.

Scié contre la Compagnie du Midi

Les Tribunaux consulaires, aux termes de l'article 637 du Code de Commerce, sont compétents pour connaître des difficultés relatives au paiement de billets à ordre, souscrits par des non commerçants et portant les endossements de commerçants.

Congel contre de Fuentes

1° Le vendeur qui s'étant engagé, pour un prix déterminé, à remettre des marchandises dans un lieu désigné, consent à les adresser au domicile de l'acheteur, où elles sont laissées pour compte pour défaut de qualité, et d'où les dites marchandises ont été retirées sans protestation, n'est pas fondé à opposer la nullité du laissé pour compte sous le prétexte que la livraison devait s'effectuer à l'endroit primitivement indiqué par les conventions, alors surtout que le retrait pur et simple de la marchandise est un acquiescement au laissé pour compte.

2° Le refus de la marchandise pour défaut de qualité ne dégage pas le vendeur de ses obligations. L'acheteur peut utilement demander l'exécution du marché et à défaut des dommages-intérêts.

Dikins et Ader contre Dugest

Année 1876

Lorsqu'une personne est régulièrement requise de faire idoinement un service de dépêches incombant à l'entrepreneur, cette personne a droit, non-seulement au salaire du dit entrepreneur pour ce service, mais encore à une rémunération spéciale à arbitrer par le Tribunal.

Pathenay contre Arlapiguet et autres

1° Bien que pertinente et admissible, une offre de preuves ne saurait être accueillie lorsque les faits offerts en preuve sont acquis aux débats et ne pourraient être qu'une superfétation, un surcroît de procédure, sans résultat utile aux parties.

2° Lorsqu'un commerçant a, par acte public, fait abandon de son actif en faveur de ses créanciers, le créancier qui a accepté cet abandon est non recevable dans son action en nullité du traité d'abandon pour inexécution des conditions résolutoires y contenues, alors que ce créancier a concouru à la nomination des commissaires liquidateurs et à la liquidation comme agent rétribué des commissaires ; qu'en outre, il a reçu les dividendes distribués sans protestation ni réserve et qu'il s'est rendu adjudicataire d'un lot de créances douteuses appartenant à la liquidation ; qu'enfin, par ses actes, il a couvert la nullité du traité et laissé prescrire son action aux termes de l'article 1304 du Code civil.

3° Le même créancier est encore non recevable dans sa demande en nullité de traité pour dol et fraude, quand il est établi que, après la nomination des commissaires, le débiteur fut complètement dessaisi de tous ses biens et qu'il resta étranger à la liquidation ; que les liquidateurs, ayant réalisé l'actif, en ont régulièrement distribué le produit, au marc le franc, à tous les créanciers et alors surtout qu'il est reconnu que rien n'a été détourné de la masse par les liquidateurs ou le débiteur, et que si un créancier a été totalement payé après la liquidation, le paiement est dû à la générosité d'un tiers, sans la participation du débiteur ou des liquidateurs.

Sediey contre liquidateurs Vᵉ Lissalde

Les lettres missives adressées à des tiers étant ou pouvant être réputées confidentielles, nul ne peut se prévaloir de ces lettres sans le consentement de celui qui les a écrites ou de celui qui les a reçues.

Sediey contre Vᵉ Lissalde

1° Lorsque l'acheteur laisse pour compte la marchandise pour défaut de qualité, des experts seront nommés pour apprécier si elle est loyale et marchande. Si les experts concluent à la recevabilité de la marchandise, le laissé pour compte ne sera point validé et le destinataire sera tenu d'en payer le montant.

2° Quand une première expertise est régulière et qu'elle ne présente aucun caractère de fraude ou d'omission, il ne doit pas en être ordonné une seconde. Le destinataire des marchandises, simple intermédiaire ou représentant de l'acheteur, ne saurait être mis en cause lorsqu'il a rempli les obligations qui le concernent.

Ricaud et Edouard contre 1° Tauzin, 2° Aygaguer

Le directeur de théâtre qui ne remplit pas certaines obligations imposées par le cahier des charges, manque à ses engagements et dans une certaine mesure cause un préjudice au public et notamment aux abonnés. Il est passible de dommages-intérêts envers les abonnés.

Burguburu contre Bizet

Le commissionnaire transporteur qui a rempli ses obligations peut être mis hors de cause, mais celui qui a commis une faute est responsable de la marchandise qui lui a été confiée.

Contestin contre la Compagnie du Midi, la Compagnie du Midi contre Espenan, et Espenan contre Artapignet

---

Lorsque après avoir reçu le solde de ses appointements, sans protestation ni réserve, le commis d'une maison réclame une commission sur certaines affaires et qu'il ne justifie pas sa demande, il doit être déclaré non recevable dans son action.

Laborde contre Destibeaux et Brissac

L'associé liquidateur d'une ancienne maison de commerce a seul qualité pour recevoir la correspondance adressée à sa maison, bien que portant la suscription de la raison sociale. L'ex-associé qui s'approprie une lettre destinée à l'ancienne société commet un acte fâcheux, blâmable et quand par ce fait il cause un préjudice, il en devient responsable.

Block contre Brissac

Le retard insignifiant apporté à une expédition est couvert par le destinataire lorsqu'il reçoit la marchandise sans protestation ni réserve. Par suite, est non recevable la demande en dommages-intérêts formée par le destinataire, alors qu'il a payé la moitié des marchandises sans réclamation.

Larroque-Garay contre Fournier

Un lot de marchandises (vingt fûts morue) est censé vendu en totalité lorsque diverses livraisons partielles ont été effectuées à l'acheteur lui-même ou à ses agents, sans choix et les fûts pris au hasard. Une offre de preuve, produite après diverses livraisons reçues sans protestation et quand l'action est engagée, ne saurait être accueillie.

Baylère frères contre Suspérégui

Le créancier qui actionne son débiteur avant l'époque convenue pour le paiement, est non-seulement irrecevable dans sa demande, mais encore passible de dommages-intérêts.

Félix Léon et compagnie contre Haitze

La cession faite par un associé en faveur d'un tiers de la part d'intérêt que cet associé pouvait avoir dans une entreprise, ne saurait modifier les conditions primitives intervenues entre les associés, alors qu'il n'était loisible à aucun d'eux de substituer un tiers dans la société sans le consentement de tous les co-associés.

Ce consentement n'existant pas, le cessionnaire ne peut être substitué aux droits du cédant ; et il est sans qualité pour demander la dissolution ou la liquidation de la société.

Mennelière contre Cazals

Lorsque le vendeur justifie avoir livré la marchandise à son acheteur, celui-ci en devient débiteur.

Montespan contre Dubay

Bien qu'une société en nom collectif n'existât pas au moment où l'un des associés a contracté une dette commerciale, la société est responsable de cette dette lorsqu'il est acquis que les marchandises qui en faisaient l'objet ont été versées dans la société comme partie de l'apport social.

Pinède contre veuve Habas et fils

Si la qualité d'armateur donne à celui qui en est investi le droit d'administrer d'une manière absolue et suivant les usages, sauf à répondre de ses fautes, ce droit ne s'étend pas jusqu'à compromettre la propriété commune, sans un mandat spécial et défini. Par suite, l'armateur qui, sans pouvoir, a souscrit au banquier des billets causés valeur pour les besoins de l'armement, n'engage pas l'armement, et l'action du banquier tendant à rendre les quirataires responsables des engagements de l'armateur est non recevable contre eux, la dette restant personnelle.

Bernal et fils contre Caubet, ex-armateur, et Oxéda, armateur

L'inexécution d'un marché donne lieu à sa résiliation et à des dommages-intérêts.

Salzedo contre Aubert et Gabut

1° Si aux termes de l'article 288 du Code de Commerce le capitaine peut faire consigner le chargement en garantie du fret, cet acte de précaution, vexatoire au fond, ne saurait être approuvé sans motifs sérieux, alors surtout que le destinataire a payé par anticipation plus des deux tiers du fret.

2° La demande en paiement de surestaries résultant d'un aveu du défendeur, n'est pas recevable lorsque l'aveu ne pouvant être scindé, il appert de tous les faits et circonstances de la cause et même du livre de bord que les chargeurs n'ont commis aucune faute, et alors surtout que le capitaine n'a pas mis les chargeurs régulièrement en demeure de délivrer le chargement.

3° La demande en paiement du fret représentant la différence entre le chargement effectué et celui qui aurait dû avoir lieu ne saurait être accueillie lorsqu'il est établi que le navire n'a pu prendre un chargement supérieur à cause des faibles marées et de la limite de calaison fixée par le capitaine du port, et quand il est prouvé que si le navire n'a pas transporté son complet chargement, il avait à son bord un tonnage de marchandises supérieur au tonnage des voyages antérieurs.

Durand et Oxéla contre Gaubert

De ce qu'un tarif est international, applicable d'office, on ne peut inférer que les marchandises mentionnées dans ce tarif doivent forcément, sans s'arrêter sur le réseau français, franchir la frontière, alors qu'il résulte des conditions de ce tarif que les objets désignés et expédiés de ou pour une station non dénommée, comprise entre deux stations dénommées, jouiront du bénéfice du dit tarif en payant pour la distance entière depuis la dernière station dénommée située avant le lieu de départ jusqu'à la station dénommée située après le lieu de destination, si la taxe ainsi calculée est plus avantageuse que celle des tarifs spéciaux ou généraux. Est donc recevable l'action en détaxe du destinataire habitant Bayonne qui offre de payer le transport du point de départ dénommé Paris, jusqu'à la station dénommée après le lieu de destination, soit Bilbao.

Coussirat contre la Compagnie du Midi

La demande en exécution des conditions relatives à un échange de bétail doit être faite dans un délai limité. Lorsqu'elle se produit tardivement, soit plus de quatre mois après l'échange, elle n'est pas recevable.

Calliau contre Damicham

Le vendeur qui ne livre pas la marchandise promise est passible de dommages-intérêts. En outre, le marché doit être résilié.

Minvielle frères contre Boudin et compagnie

Le débiteur qui reconnait devoir une somme principale ne peut valablement demander la condamnation du créancier à lui payer une somme supérieure au sujet de l'acceptation d'une traite causée valeur en marchandise, ni prétendre à une compensation, alors que le texte de la traite, non échue, indique non une acceptation de complaisance, mais une réelle livraison de marchandises.

Jacob frères contre Brissac

Le vendeur, judiciairement obligé sous une contrainte à délivrer, dans un délai déterminé, les objets vendus et qui ne les livre pas, doit être non seulement tenu de payer le prix de cette contrainte, mais encore des dommages-intérêts, sans rien modifier au marché primitif. Une nouvelle contrainte plus importante que la première pourra être imposée au vendeur récalcitrant.

Danglade contre Castro

Les Compagnies des chemins de fer sont obligées de transporter les marchandises à elles confiées aux prix des tarifs spéciaux quand l'expéditeur, dans sa déclaration, a suffisamment indiqué par une expression ou une phrase les tarifs dont il demande l'application, et alors surtout qu'il n'est pas tenu d'employer des expressions sacramentelles.

Coussirat contre la Compagnie du Midi

Bien qu'un concordat ait été homologué, il y a lieu de l'annuler ultérieurement lorsqu'il est prouvé que le failli a dissimulé une partie de son actif. Par suite, la réouverture de la faillite doit être prononcée.

B. Salles contre Élie Léon

Un document, émanant des chefs de service des compagnies de chemin de fer, destiné, *non à la publicité*, mais uniquement à régler les rapports intérieurs des compagnies entr'elles, doit être écarté des débats. Par suite, l'action fondée sur un de ces documents est non recevable.

Coussirat contre la Compagnie du Midi

1° Les tarifs temporaires spéciaux, avec faculté de soudure, relatifs au transport des céréales par chemin de fer, étant applicables d'une manière générale quand ils doivent produire une économie dans le transport, les compagnies ne peuvent se soustraire à leur applicabilité que lorsque l'exclusion est formelle et catégorique.

2° Par suite, l'action en détaxe de lettres de voitures, malgré une offre insuffisante, est recevable alors qu'il est établi que les compagnies n'ont pas fait profiter le destinataire des avantages que lui aurait procurés une juste application des tarifs existants.

Heigl et Baron contre la Compagnie du Midi

Le commissionnaire transporteur est responsable envers l'expéditeur, non seulement de ses propres fautes, mais encore de celles commises par ses correspondants.

Lefranc contre Garrouste et Ballesteros,
et ceux-ci contre Félix-Baroela

En matière d'enquête sommaire, les formalités édictées par les articles 260 et 261 du Code de procédure civile doivent être rigoureusement observées à peine de nullité.

Castilla et Arman contre Besoget

L'acheteur d'une marchandise, bien qu'agréée et payée, est admis à prouver par témoins, lorsqu'il n'a pas pris livraison de la marchandise, que la quantité vendue n'est pas conforme à la quantité facturée, et la preuve étant faite, l'acheteur est en droit de réclamer au vendeur le remboursement de la différence.

P. Etcheverry contre Alquyet

Les marchandises vendues et livrées en gare sont agréées par l'acheteur lorsqu'il en a fait l'expédition pour son propre compte à un tiers, alors surtout que dans les difficultés survenues avec ce tiers il n'a pas mis en cause son vendeur, en vertu de prétendues conventions existant entr'eux.

Veuve Sambre contre Garros

Le laissé pour compte doit être validé lorsque le rapport des experts constate que la marchandise n'est ni loyale ni marchande. Des dommages-intérêts sont accordés pour le préjudice causé.

X. contre X.

Le destinataire d'une marchandise qui prétend qu'il y a eu retard dans la remise des colis et qui ne le justifie pas, doit être débouté de sa demande.

Dacosta contre la Compagnie du Midi

Le tiers porteur d'une traite non acceptée ne peut être déclaré créancier du tiré, lorsque celui-ci conteste la créance du tireur et que le tiers porteur ne justifie pas qu'il y a eu provision.

Brunard contre Tramesaygues

Les Compagnies des chemins de fer qui ne remettent pas dans les délais réglementaires des malles destinées aux voyageurs, sont passibles de dommages-intérêts.

Maurel contre la Compagnie du Midi

L'entrepreneur de travaux publics qui stipule avec des sous-traitants un délai de dix jours pour payer et examiner les mémoires, ne peut se soustraire au paiement des comptes produits quand il n'a formulé pendant ce laps de temps aucune réclamation ni réserve.

Touchard contre Dadé

Le vendeur peut demander la résiliation du marché avec dommages intérêts lorsque l'acheteur n'exécute pas les conventions arrêtées entre parties.

Larroquette contre Pellot

Les Compagnies étant responsables des marchandises qui leur sont confiées, lorsqu'un colis se perd par leur faute, elles en doivent le prix. Le Tribunal en arbitre la valeur lorsque l'expéditeur ne peut la justifier.

Meyer et compagnie contre la Compagnie du Midi

Bien qu'envoyés à la pièce avec poids indiqué, le consignataire de cuirs doit compte au fournisseur, non du nombre de cuirs, mais des poids constatés, les cuirs se vendant au poids.

Laffont contre Harriet

Le Tribunal du lieu où un marché a été conclu et où la marchandise était livrable et acceptable, est, aux termes de l'article 420 § 2, compétent pour connaître des difficultés existant entre l'expéditeur et le destinataire.

Doutrère contre Pinède

1° Le tireur qui dispose sur son correspondant, à vue, sans avis préalable, contrairement aux usages du commerce, doit s'imputer le non paiement du mandat et les frais qui en sont la conséquence restent à sa charge.

2° Le tiré, assigné à la suite de ce non paiement, quand la somme est réellement due et quand la cause véritable de la disposition lui est connue, qui ne fait pas d'offre, manque à ses obligations et doit être condamné aux dépens.

Rose contre Caubel

1° Si le destinataire de marchandises livrables à domicile a la faculté de faire retirer de la gare les dites marchandises par un camionneur de son choix, il est fait exception à cette règle lorsque le prix du transport, en port dû ou payé, est déterminé jusqu'à domicile.

2° Est donc non recevable l'action d'un camionneur réclamant à la Compagnie le prix de camionnage des colis délivrés par elle, mais dont le prix fixé par la lettre de voiture comprenait le port jusqu'à domicile, alors qu'au surplus il n'existe aucun lien de droit entre la Compagnie et les demandeurs.

Garrouste et Ballesteros contre la Compagnie du Midi

La traite, non acceptée, qui n'est pas tirée d'une place sur une autre place, ne constituant pas un contrat de change, ne saurait être considérée comme une lettre de change. L'action fondée sur cette lettre de change n'est pas de la compétence du Tribunal de Commerce, alors surtout qu'il est établi qu'à l'époque où la dette a pu être contractée, le débiteur n'était pas commerçant, et que les fournitures prétendues faites étaient destinées à meubler une maison qui devait être louée en garni.

Meyer et compagnie contre Wacquez

Lorsque entre un chargeur et un capitaine de navire il existe un désaccord sur des conventions faites entr'eux, le demandeur peut déférer le serment décisoire au défendeur.

Haurie contre Neveur

Lorsque, par suite d'événements de force majeure, une Compagnie de chemin de fer est obligée de rompre charge et de diriger les objets dont le transport lui a été confié par une autre voie, elle a le droit d'exiger tous les frais relatifs à la réexpédition, mais elle ne saurait prétendre au paiement total de la lettre de voiture originale et au prix de transport de la réexpédition, la partie de transport comprise entre le point où la rupture de charge a eu lieu et la destination, venant en déduction du total de la voiture.

La Compagnie du Midi contre Legarralde et Lapeyre, et ces derniers contre la Compagnie du Nord d'Espagne

---

Le destinataire d'une marchandise expédiée contrairement aux conventions établies entre le vendeur et l'acheteur, est fondé à la refuser à son arrivée ou à la laisser pour compte.

Worms et compagnie contre Pérès

L'exploitation d'une maison de jeux de hasard, bien qu'ayant le lucre pour but, ne peut être considérée comme une entreprise commerciale. Le Tribunal de Commerce est incompétent pour connaître des difficultés existant entre les agents de cette entreprise, le directeur et ses associés.

Thibaud et consorts contre Dupressoir et Haussmann

L'entrepreneur qui prétend avoir sous-entrepris certains travaux et qui ne le justifie pas est non recevable, non seulement dans sa demande principale, mais encore dans sa demande d'expertise, alors que les parties ne sont pas en désaccord sur l'importance des travaux de main-d'œuvre exécutés et qu'il résulte de tous les faits de la cause que l'expertise a pour but de faire ajouter à la valeur des dits travaux les frais de voyage de plusieurs ouvriers venus de Nantes à Bayonne.

Claude Jaumole contre Cousin

L'acheteur qui prend livraison de la marchandise (bois à brûler dans l'espèce) dans le lieu où le vendeur s'était engagé à la transporter, sans réserves et sans la mesurer, est tenu de payer la quantité vendue sur le lieu.

Arrex contre Dubernet

Le commissionnaire qui vend des vins, sans faire connaître le nom de l'acheteur à son commettant, et qui s'engage à faire remettre les fûts vides chez un tiers désigné par le vendeur, est tenu d'exécuter cette condition sans qu'il puisse exciper de son titre de commissionnaire.

Mihureal frères contre Heff

La révocation intempestive d'un armateur par la majorité des quirataires d'une entreprise maritime donne lieu, à bon droit, à une action en dommages-intérêts contre les portionnaires, alors qu'il n'est allégué aucun fait de négligence ou de faute contre l'armateur.

E. Caubet contre Lacombe et Oxéda

L'actionnaire d'une entreprise maritime qui s'intéresse à cette entreprise sans conditions, mais dans le but d'en devenir le consignataire, n'est pas fondé, ce but atteint, à réclamer, comme simple créancier, le montant de ses actions sous le prétexte que ses titres de propriété ne lui ont pas été délivrés, alors surtout qu'un certificat provisoire constatant, que l'actionnaire était propriétaire des actions promises, lui avait été remis.

Etchegaray et compagnie contre Villamiljana

L'actionnaire d'une entreprise maritime, révoqué de ses fonctions d'armateur, n'a pas qualité pour retirer ses parts de l'entreprise, quand il n'y a pas de stipulation.

E. Caubet contre Oxéda

Les Compagnies des chemins de fer qui font les opérations de douane des marchandises destinées à des commissionnaires transiteurs, excèdent leurs pouvoirs et sont passibles de dommages-intérêts.

Pichon frères contre la Compagnie du Midi

Après le contrat d'union, la cession d'une créance, dissimulée aux créanciers, est nulle et de nul effet à l'égard de la masse.

Syndic Buisson contre B. Gomès

(Cette décision a été infirmée par la Cour, le cessionnaire ayant agi de bonne foi et sans fraude.)

Le destinataire de marchandises qui ne prend aucune des mesures exigées en matière de laissé pour compte, qui garde les marchandises pendant plusieurs jours et qui les renvoie, malgré les protestations de l'expéditeur, est non recevable dans sa demande en validité de laissé pour compte.

Larroque-Garay contre Rodé

Les retenues opérées par le capitaine sur le traitement des matelots, pour des amendes auxquelles ils auraient été condamnés en pays étranger, sont valables, quand le paiement effectué par le capitaine a été régulièrement constaté sur le rôle d'équipage par l'autorité française.

Veyes, Tachoire et Duhaut contre Durand

1° Bien que la livraison effectuée ne comporte qu'une partie de la commission, le refus de paiement des marchandises livrées n'est pas justifié quand l'expéditeur n'a pas été mis en demeure de livrer le complément.

2° L'expédition du complément de cette commission ne saurait être exigé, alors que la première partie n'a pas été soldée.

Compagnie Franco-Américaine, Martini contre Meyer et compagnie

1° Si la demande en communication de livres doit être accueillie quand il s'agit de succession, communauté, partage de société et en cas de faillite, elle ne saurait être ordonnée lorsqu'il est question d'une simple reddition de comptes.

2° Il n'y a pas même lieu d'en prescrire la représentation, alors que le défendeur offre volontairement à ses adversaires la représentation de ses livres et tous documents pouvant intéresser la vérification des comptes.

Lacombe et Oxéda contre Caubel

1° Le fret des marchandises placées sur le tillac d'un navire avec le consentement du chargeur, et jetées à la mer, n'est pas dû, aux termes de l'article 421 du Code de Commerce, les dites marchandises n'étant représentées ni en nature ni en argent par suite d'un règlement par contribution et aucun recours ne pouvant d'ailleurs être exercé de ce chef contre le capitaine.

2° Lorsqu'il est démontré que les nombreuses avaries survenues à la cargaison en cours de voyage avaient pour cause un vice ou défaut d'arrimage, le capitaine doit être déclaré responsable de ces avaries.

Granier contre Habans

Année 1877

L'expéditeur d'une marchandise laissée pour compte pour non conformité de qualité qui dispose et revend cette même marchandise sans protestation, est non recevable dans sa demande en dommages et intérêts. Mais le destinataire qui en signifiant le laissé pour compte a fait des réserves pour réclamer une indemnité, a droit à des dommages-intérêts.

Boustead et Dunbar contre Landré et Roby

Le défendeur d'une action intentée sans motifs a droit à des dommages-intérêts contre le demandeur, bien que ce dernier se soit désisté de sa demande en audience publique.

E. Gomez contre Salles

Le destinataire d'une marchandise qui en a pris livraison sans protestation ni réserve est sans droit pour réclamer le paiement d'un prétendu déchet, soit contre le capitaine, soit contre l'expéditeur.

X. contre Dupouy

Est non recevable l'action nouvelle intentée contre un débiteur, lorsque ce débiteur a reconnu sa dette et fait des offres en barre du Tribunal, judiciairement constatées et acceptées par le créancier.

Rose contre Caubel

Lorsqu'un destinataire a reçu la marchandise sous réserve,

pour mouillure et retard seulement, l'expéditeur est non recevable dans son action contre la Compagnie du chemin de fer pour une offre de preuves sur la quantité de marchandises expédiées.

Cazalis et compagnie contre la Compagnie du Midi

1° Lorsque les instances principales et en garantie sont connexes, il doit être statué par un seul et même jugement.

2° Lorsqu'une Compagnie du chemin de fer reçoit d'un réexpéditeur des marchandises grevées de frais, elle ne peut être responsable de l'exagération de ces frais et tous ses débours doivent lui être payés lorsqu'elle justifie qu'elle les a faits légitimement.

La Compagnie du Midi contre Cardilanne

Le créancier d'une faillite est soumis à la règle établie par l'article 516 du Code de Commerce, et bien que le failli ait promis de se libérer envers lui, il est non recevable dans son action contre le failli en paiement de sa créance, la simple promesse n'étant que l'obligation naturelle et morale du failli concordataire.

Salles contre Laffitte

L'associé participant qui ne prend pas d'engagement personnel et qui ne s'immisce pas dans la gestion du gérant, n'est pas responsable, en dehors de sa participation, des sommes dues par le gérant à ses fournisseurs.

Dassé contre Leglise et compagnie

Lorsqu'un navire remorqué se perd avec sa cargaison par suite d'un abordage entre le remorqueur et un autre navire, les fins de non recevoir tirées des articles 435 et 436 du Code de Commerce sont inapplicables aux actions intentées par les chargeurs propriétaires ou leurs ayant-cause, contre le remorqueur.

L'action des assureurs et du propriétaire du navire perdu contre le propriétaire du remorqueur est non recevable lorsque le capitaine du remorqueur, d'après les rapports du pilote-major, maître absolu de diriger les évolutions du remorqueur, n'a commis aucune faute.

British And Foreingn et Wilburn contre la Chambre de Commerce

---

Le capitaine qui s'engage à remettre la cargaison sans palan est obligé de remettre la marchandise à hauteur des panneaux, et le destinataire est tenu de la recevoir ainsi et de fournir les accessoires pour le déchargement.

Bogoygailia contre le capitaine Lair

Les fonds fournis à la préparation de marchandises qui doivent être vendues de compte à demi sont spécialement affectés à cette opération. La faillite du détenteur de la marchandise ne saurait changer la base des conventions et les sommes avancées ne peuvent recevoir une autre destination ni figurer en compte courant.

Delnault contre Syndics faillite Bourgeac

Les demandes en détaxe sont recevables lorsque les déclarations portent en substance « tarifs spécial le ou les plus réduits ». Elles ne le sont pas lorsque les déclarations portent des expressions vagues telles que « tarifs spécial, spécial temporaire ».

Lalanne contre la Compagnie du Midi

Les marchandises expédiées contre remboursement sont censées agréées et acceptées par le destinataire lorsqu'il les a retirées et payées sans protestation ni réserve, alors surtout qu'un bulletin de garantie constatant l'état de mouillure des marchandises avait été délivré par l'expéditeur.

L'expertise faite après paiement sans protestation ni réserve des marchandises, bien que concluant à la non recevabilité de l'envoi, ne saurait être utilement opposée à l'expéditeur ni engager sa responsabilité.

Ollaltaguirre contre Comet

1° Lorsqu'il existe des difficultés entre l'armateur d'une entreprise maritime et ses co-intéressés, relativement aux comptes de gestion, les parties devront être renvoyées devant un juge pour être entendues dans leurs explications respectives, après production de tous les documents justificatifs de cette gestion.

2° Dans toute reddition de comptes il s'agit, non de rechercher si le prix des actions a été versé dans l'entreprise, mais d'admettre ou de rejeter les recettes et les dépenses qui en font l'objet et de relever les erreurs ou omissions que l'armateur aurait pu commettre. En cas de désaccord, et sur le rapport du juge-auditeur, le Tribunal statuera.

3° Si en principe le mandat est gratuit, celui d'armateur ne l'est pas à cause de ses charges et de la responsabilité qui incombe à celui-ci.

4° Par suite et d'après les usages, l'armateur a droit aux débours justifiés et à : 1° une commission d'armement de 2 % sur le prix d'achat des bâtiments achetés par son entremise, 2° une commission de 2 % sur les frêts perçus d'après les manifestes ou à percevoir pour les chargements qu'il aurait procurés, pendant son exercice et avant sa révocation.

5° Mais il ne peut prétendre à un bénéfice quelconque sur les fournitures de combustible ou autres faites au capitaine à l'étranger pour compte de l'armement.

6° L'opposition de l'armateur révoqué, créancier de l'entreprise contre tout débiteur à la délivrance des sommes dont ce débiteur peut être comptable envers l'entreprise, est valable.

7° Les livres, papiers et documents relatifs à une entreprise maritime doivent rester entre les mains de l'ex-armateur, alors qu'il n'existe pas de livres spéciaux pour l'armement et que les écritures et opérations commerciales du négociant sont confondues avec celles de l'ex-armateur. Toutefois, ce dernier devra donner des extraits certifiés des pièces, notes, livres, etc., qui pourraient être nécessaires à son successeur dans les cas spéciaux de règlements de litiges ou de contestation avec des tiers.

Caubet contre Oxeda et Lacombe

Lorsque les parties, d'accord commun, ont fixé à un jour déterminé la solution d'une instance introduite régulièrement devant le Tribunal, le demandeur, quand les choses sont restées en l'état est non recevable dans sa demande tendant à faire déclarer l'affaire urgente. Le jour fixé pour les débats doit être maintenu alors qu'aucun acte du défendeur n'a pu compromettre les intérêts de son adversaire.

Villamiljona contre Pérès

L'expéditeur d'une marchandise, valant plus de 1 fr. 50 cent. le kilogramme, voyageant sous le bénéfice des tarifs internationaux, qui veut se garantir contre toute éventualité de perte ou d'avarie, est tenu d'en faire la déclaration et de payer une prime d'assurance afférente à la valeur fixée. A défaut de cette déclaration, l'expéditeur n'est pas recevable dans sa demande en paiement de la valeur du colis et aux termes des conventions homologuées, l'indemnité à laquelle il a droit est déterminée à raison de 1 fr. 50 par kilogramme.

G. Pinède contre la Compagnie du Midi

1° La commission promise à un représentant de commerce, sauf convention contraire, ne lui est acquise qu'après paiement de la chose vendue.

2° Toutefois quand ce représentant, congédié sans qu'on puisse lui imputer des fautes, a fourni des renseignements utiles à son mandant et indiqué tout spécialement les pourparlers qui existaient entre lui et un tiers pour la vente d'un lot de marchandises, il a droit à des dommages-intérêts alors que, peu de temps après le retrait du mandat, le fabricant s'est mis en rapports avec le tiers désigné et a traité directement l'affaire déjà proposée par son ancien mandataire.

Haurie contre Plantié

Le litige entre deux étrangers n'est pas de la compétence des Tribunaux francais lorsqu'il n'est pas établi, par écrit, qu'un marché a été réellement conclu en France.

Silveti contre Lelamendia

1° Le débiteur qui a terme et qui paie régulièrement les

intérêts ne saurait valablement être assigné à payer le principal avant l'époque fixée.

2° Les personnes qui, sans être associées, traitent d'un fonds de commerce pour lequel elles prennent des engagements personnels envers le créancier, sont solidairement responsables envers le vendeur lorsque l'acte constitutif de la société fait remonter les effets de l'association au jour de l'achat du dit fonds.

3° Les sommes cautionnées par des tiers, sans époque déterminée pour le paiement, ne sont exigibles qu'à l'échéance de la créance principale.

4° Le cautionnement n'est pas un acte commercial, bien que la caution non solidaire ait la qualité de commerçant, alors surtout qu'elle ne retire aucun profit de son intervention purement gratuite. L'acte de cautionnement, dans cette circonstance, doit être considéré comme purement civil et par suite le défendeur ne peut être distrait de ses juges naturels. Soit à raison de la matière, soit à raison de la personne, le Tribunal de Commerce n'est pas compétent.

5° Les dépens comprenant exclusivement les frais exposés dans une instance et déterminés par les tarifs en vigueur, les droits ou double droits d'enregistrement à payer pour des actes ne se rattachant pas exclusivement à la cause ne sauraient être compris dans les dépens.

Salles contre Laborde et Bancon,
Moussempé et Lajus

Les billets souscrits ou avalisés en paiement de dividendes prescrits par le concordat en vertu des conventions intervenues entre le créancier, le failli et la caution, n'étant qu'un mode de règlement et de fixation des échéances et des sommes à payer, font partie intégrante du concordat et la prescription édictée par l'article 189 du Code de Commerce ne saurait être appliquée.

Lagelouze-Iriart contre Tajan

1° L'action principale ayant pour objet d'obliger le destinataire d'une marchandise, refusée parce qu'elle n'a pas été commandée à prendre livraison de cette marchandise, est non recevable quand l'expéditeur laisse sans réponse pendant un grand laps de temps l'offre transactionnelle du destinataire, alors surtout qu'il s'agit de marchandises de saison.

2° L'offre de preuves pour constater l'existence du marché n'est pas dans ces circonstances admissible.

Paeldieu contre Larroque-Garay

Les frais de magasinage de marchandises déposées par autorité de justice chez un tiers consignataire ne peuvent être perçus au tarif des Compagnies des chemins de fer. Les consignataires ne peuvent exiger que les frais de garde déterminés par la loi, article 31 des tarifs, soit 2 fr. par jour pour les douze premiers jours et 80 cent. pour le reste du temps, sauf au Tribunal à fixer, s'il y a lieu, les débours qui pourront être dus au gardien, 1° pour location de chais, 2° pour frais de manipulation ou autres.

Chemin de fer contre Dihins et Ader

Le destinataire d'une marchandise qui a accepté, après une expertise amiable, un rabais de deux pour cent consenti par le vendeur, et qui agrée la marchandise et l'emmagasine, n'est pas recevable dans sa demande fondée sur un prétendu déficit dans le poids, alors qu'aucune constatation régulière n'a été faite.

Habans contre Claverie

1° Les actionnaires d'une entreprise maritime qui ont invité l'armateur à convoquer les quiratàires pour décider des questions de frètement peuvent, sur son refus, provoquer la réunion.

2° Toute action qui ne résulterait pas d'une décision prise en assemblée générale contre l'armateur, relative aux attributions d'exploitation, bien qu'intentée par la majorité des actionnaires, est non recevable.

Oxéda et Lacombe contre Caubet

1° Les jours de planche commencent pour les bateaux à vapeur du jour de la déclaration de douane et de leur mise à quai.

2° Le capitaine n'est pas tenu d'avertir le destinataire.

3° Lorsque le capitaine n'est pas prêt à délivrer le chargement quand le destinataire se présente, il est passible de dommages-intérêts.

Dilhurbide et Pérès contre le capitaine Rill

Dans les villes où il existe une bourse de commerce, mais qui n'a pas des courtiers de commerce assermentés, il appartient aux commissaires-priseurs, à l'exclusion de tous autres officiers ministériels, de faire procéder à la vente en gros aux enchères publiques de marchandises neuves, conformément à la loi et aux tarifs des courtiers.

Larrouyet contre E. Bernal

Les marchandises (cuirs) donnés à façon pour être tannés, restent la propriété de celui qui les donne. Le propriétaire a le droit de les retirer à sa volonté en payant le travail exécuté.

Corau contre Harriel et Castro

Les livraisons d'une quantité de bois provenant d'une forêt en exploitation peuvent être faites successivement et au fur et à mesure des progrès de l'exploitation, et s'il n'y a convention contraire, le vendeur peut exiger le paiement des parties livrées, à mesure qu'elles s'effectuent.

Ducruly contre Cadenac

Le vendeur qui ne livre pas les marchandises vendues ou qui n'en livre qu'une partie, est passible de dommages-intérêts.

Destileaux et Brissac contre Doullu et fils

Le débiteur de travaux exécutés qui garde le mémoire des travaux pendant longtemps et qui paie des à-comptes sans observation ni réserve, n'est pas recevable dans sa demande en expertise, alors que cette demande se produit pour la première fois lorsque le créancier actionne le débiteur en paiement du solde du mémoire.

Pérès contre Dezès et compagnie

Lorsque les associés d'une société en nom collectif n'effectuent pas les apports auxquels ils étaient tenus aux termes du pacte social, la société pourra être dissoute, la condition résolutoire étant sous-entendue dans tout contrat synallagmatique pour le cas où l'une des parties ne satisfait pas à ses engagements.

Délis et Loudoussy contre Lasnier

Les traites tirées d'une place sur une autre place constituent un acte commercial, et bien que les tireurs et accepteurs ne soient pas commerçants, l'action en paiement des traites protestées peut être portée devant le Tribunal consulaire du lieu où les traites étaient payables.

De Fondclair contre dames Grimaldi et Gromaldi

Année 1878

La façon des cuirs donnés pour être tannés et lissés se paie au prix convenu, sur le poids constaté à la livraison de la marchandise préparée.

Castro contre Syndics faillite Bourgeac

1° Lorsque le mandataire et le mandant sont en désaccord sur les qualités et les quantités des marchandises livrées et qu'aucune justification sérieuse n'est fournie par les parties, la cause doit être arbitrée.

2° Lorsqu'un commerçant charge une personne de faire des achats qui obligent à des déplacements et quand il n'y a pas de convention rémunératoire fixée, le mandant doit payer une commission de cinq pour cent et les frais de voyage à raison de 15 fr. par jour.

3° Les marchandises expédiées provenant des achats faits par le mandataire voyageant aux frais, périls et risques du destinataire et les changes de monnaies résultant des fonds envoyés pour accomplir ces mêmes achats, sont aussi à la charge du mandant.

4° Lorsqu'un débiteur, dans un règlement de comptes, reconnait devoir une somme déterminée qui lui est réclamée et qu'il offre de la payer sous déduction de ce qui lui est dû, il ne saurait être condamné à payer la somme principale, ni même la différence; il doit être simplement déclaré débiteur du reliquat et une condamnation ne saurait être utilement prononcée que si le débiteur refusait de payer après une mise en demeure.

Hospitaleiche contre Pinède, et Pinède contre Ospitaleiche

1° En matière de transports, la Compagnie qui a exécuté le contrat peut être mise hors de cause.

2° Lorsqu'une Compagnie détient des marchandises et réclame les frais de magasinage, elle est responsable de ces marchandises, et si elles se détériorent par sa faute, faute constatée, elle est tenue de payer la dépréciation qu'elles ont subie.

Parade contre la Compagnie du Midi, et la Compagnie du Midi contre la Compagnie d'Orléans

---

Lorsque dans un marché conclu les parties sont en désaccord pour l'époque du paiement et que rien n'indique qu'il dût être effectué au comptant, le Tribunal a le droit d'arbitrer et de fixer la date du paiement.

Gomez contre Martinez

1° Lorsque le Tribunal accorde des dommages-intérêts, dans le cas où les prescriptions ordonnées ne seraient pas remplies, la contrainte est essentiellement comminatoire.

2° Il appartient donc au juge de l'interpréter et d'apprécier les causes qui en ont empêché l'exécution.

Bi-Phosphates Guano contre de Fondclair

1° Les marchandises expédiées sous la loi de tarifs communs homologués, concertés entre trois Compagnies de chemins de fer, obligent les trois Compagnies, les prix ayant été fixés pour le trajet total, c'est-à-dire du point de départ au point d'arrivée.

2° La fin de non recevoir soulevée par l'une des Compagnies

intermédiaires et tirée de ce qu'elle n'aurait traité ni avec le destinataire ni avec l'expéditeur, est non recevable, alors surtout que cette Compagnie reconnait avoir pris charge de la marchandise.

3° L'exception édictée par l'article 108 du Code de Commerce n'est applicable qu'aux cas spéciaux qu'elle vise. Lorsqu'une Compagnie, par une faute lourde, assimilable au dol, détient la marchandise et se trouve plus tard dans l'impossibilité de la réexpédier, elle ne saurait se prévaloir de l'exception du dit article, alors qu'elle a disposé de la marchandise et qu'elle l'a fait déposer de sa propre autorité soit dans ses magasins, soit chez des tiers consignataires.

Baylère frères contre la Compagnie du Nord de l'Espagne

Le capitaine de navire qui s'engage envers un négociant d'attendre jusqu'à un jour déterminé le complément d'un chargement promis, est passible de dommages-intérêts envers ce négociant s'il n'a pas tenu les engagements de la charte partie.

Roth frères contre Radezac

Tout marché formé doit être exécuté. Le vendeur est tenu de remplir ses engagements et à défaut il est passible de dommages-intérêts.

Wacquez et compagnie contre Peyras et Houzelle

La location d'un bassin de radoub est due au prix du tarif officiel, 25 cent. par tonne, pendant tout le temps que le bassin a été occupé, s'il n'y a convention contraire et quand même le navire aurait séjourné après les réparations faites.

Dukan contre le capitaine Gallikar

Le commerçant qui achète et fait relier des livres pour son usage personnel ou pour des tiers à titre gracieux, qui fait disposer sur lui, sans accepter la traite, pour le montant des fournitures qui lui ont été livrées, ne fait pas acte de commerce. Le Tribunal de Commerce est incompétent.

Hausmann contre Bérillon

Lorsqu'une demande est exagérée et que l'offre est insuffisante, le Tribunal fixe la somme à payer, fait masse des dépens et en fait supporter la moitié à chaque partie.

Mihurral contre Heff

Le correspondant du commissionnaire transporteur qui fait le groupage n'est pas fondé à réclamer pour des colis de vingt-quatre à trente kilogrammes, en dehors du prix de transport fixé par son tarif, un supplément de prix relatif au volume du colis par application de l'article 25 des conditions du cahier des charges général des Compagnies des chemins de fer, alors qu'il est établi que cet article n'est pas appliqué par les Compagnies elles-mêmes et que le commissionnaire expéditeur ne réclame pas ce supplément.

Garrouste et Ballesteros contre Block et Posso

Lorsqu'il a été procédé à une expertise et que les parties en cause n'ont été ni présentes ni dûment appelées, il y a lieu de faire procéder à une nouvelle expertise par de nouveaux experts, alors surtout que la première est incomplète.

Caubel contre chargeurs et assureurs

Lorsqu'un navire échoué réclame le secours du remorqueur et que le capitaine et l'armateur du navire échoué s'engagent à payer ce qui paraîtrait juste aux propriétaires du remorqueur, ces derniers ont droit à la somme réclamée alors surtout qu'elle n'a rien d'exagéré, eu égard au service rendu et à la valeur du navire relevé et au mauvais état de sa machine.

Chambre de Commerce contre Caubel

Lorsque des experts constatent que certaines avaries éprouvées par un bâtiment ne peuvent être visitées et réparées dans le port où il se trouve, faute de docks suffisants et d'appareils, il appartient, non à l'armateur, mais au Tribunal seul de désigner le ou les ports où le navire pourra être envoyé et où les visites et réparations devront être faites.

Caubel contre assureurs

Lorsqu'une personne cédant son fonds de commerce (débit de vins) s'interdit d'ouvrir un autre débit dans les environs et notamment dans une rue déterminée, et qui par un moyen détourné, contrevient à ses engagements en s'intéressant à un autre débit tenu par sa mère, est passible de dommages-intérêts envers le cessionnaire.

Lafaurie contre Virozel

1° Lorsqu'il résulte de toutes les circonstances de la cause, de l'aveu même du vendeur, que l'animal vendu, destiné à la boucherie, était malade et qu'il a été constaté par le vétérinaire qui a fait l'autopsie que l'animal était atteint, à l'état latent, d'une péripneumonie contagieuse remontant à quinze jours avant la vente, l'action en paiement de l'animal vendu n'est pas recevable par application des articles 1641 et 1647 du Code Civil.

2° La fin de non recevoir tirée de la loi du 20 mai 1838, réglant des vices rédhibitoires, n'est pas recevable dans l'espèce, puisqu'il s'agit d'animaux gras destinés à la consommation, alors que la loi précitée ne distinguant pas entre les animaux destinés à la consommation et ceux destinés au travail, ne déroge pas aux lois de police sanitaire.

Mimiague contre Bidart-Laffargue

Le courtier maritime qui malgré la défense de l'armateur prend charge pour un port où le navire ne doit pas aller et qui laisse embarquer la marchandise, est responsable des faux frais et du fret occasionné par la réexpédition jusqu'à destination.

Lacombe fils contre Caubet

Si le débiteur ne peut obliger le créancier à recevoir un à-compte de la dette exigible, les juges peuvent, en considération de la position du débiteur et aux termes de l'article 1244 du Code Civil, accorder des délais modérés.

Laurent Lasserre contre les époux Mère

1° L'agent de change qui, exécutant un ordre de bourse de

titres à lots, ne rend pas, par sa faute ou celle d'un de ses collègues, les titres à qui de droit avant le tirage, ou n'en indique pas les numéros, est passible de dommages-intérêts, bien qu'on ne puisse lui reprocher aucune fraude.

2° Les offres de l'agent de change, faites après décision du syndicat des agents de change, doivent être considérées comme nulles et non avenues lorsqu'elles sont insuffisantes.

Béni contre Léon, et Léon contre Perdrigeon

Lorsque diverses personnes s'associent, sans durée limitée, pour l'exploitation d'un cabinet d'affaires contentieuses et d'un comptoir de ventes et emprunts, bien que chacune d'elles ait des attributions spéciales dans l'organisation intérieure, la société doit être considérée comme formée en nom collectif, alors surtout que chaque associé a pris une part active aux opérations générales de la société.

Andrau contre Lalanne et Cabait

Le propriétaire d'un buffet qui acquitte les comptes d'achats faits par le gérant est responsable des engagements pris par ce même gérant vis-à-vis d'un comptable pour la tenue des livres du buffet, alors qu'il est établi que le gérant n'a qu'un modeste traitement ne lui permettant pas de payer un comptable.

Huet contre Ardoin

1° Bien que l'admission d'un créancier au passif d'une faillite forme un contrat judiciaire entre un créancier et les syndics, ce contrat ne saurait préjudicier aux droits de revendication que peuvent exercer, postérieurement, les syndics pour cause d'erreur, de dol ou de fraude ou même lorsque le créancier n'a pas fourni tous les documents propres à éclairer la religion des syndics sur les conséquences de l'admission primitivement demandée.

2° Lorsqu'un locateur de meubles, excipant d'un bail, a reçu du preneur, postérieurement au bail, des billets renouvelés en paiement des meubles livrés, la location est transformée en vente effective et il n'a aucun privilége sur ces meubles qui doivent être rapportés à la masse.

Syndics Lorato contre Despons

Lorsqu'une Compagnie de chemins de fer transporte les marchandises qui lui sont confiées dans les délais réglementaires et d'après les tarifs homologués en vigueur, l'action en responsabilité d'une amende pour fausse déclaration en douane résultant d'une erreur reconnue dans la désignation d'un colis, n'est pas recevable alors que la Compagnie ne garantit pas les énonciations de la lettre de voiture et que le transport a été payé par le destinataire sans protestation ni réserve.

Castilla et Arman contre la Compagnie du Midi

1° Il n'existe pas de forfait entre l'entrepreneur général des travaux et un sous-entrepreneur, lorsque ces travaux sont déterminés et définis à des séries de prix, que l'architecte a la faculté de les modifier et que les plans et devis n'ont été ni soumis ni approuvés par les sous-traitants.

2° Par suite, les travaux supplémentaires exécutés par le sous-entrepreneur doivent lui être payés ainsi que les dégâts occasionnés à son travail par suite d'accidents qui lui sont étrangers.

Poueydebasque et Costaguede contre Pomirol

Les Compagnies des chemins de fer sont responsables des pertes, manquants ou avaries régulièrement constatées des marchandises qui leur sont confiées.

Gaceson contre la Compagnie du Midi

1° Lorsque, aux termes de leur mandat spécial, les agents des compagnies d'assurances maritimes, dont le siége social est à Paris, se sont bornés, par experts régulièrement nommés, à faire constater les avaries éprouvées par un navire, ils ne sauraient, par cet acte de simple constatation, se substituer aux droits des compagnies, ni accepter personnellement la responsabilité d'un réglement d'avaries qui, en tout état de cause, devrait être payé à Paris.

2° Est donc recevable l'action à l'opposition d'un jugement de défaut rendu contre ces agents, formée par les Compagnies. Comme il s'agit de matière personnelle et mobilière, les prescriptions de l'article 59 du Code de procédure civile doivent être observées.

3° Par suite, le tribunal est incompétent et les demandeurs à l'opposition doivent être déchargés des condamnations prononcées contre eux.

Compagnie d'Assurances maritimes contre Caubel

Le commissionnaire transiteur, responsable de ses fautes, est tenu d'indemniser l'expéditeur ou le destinataire du préjudice qui peut leur être causé.

Estenaut contre Pichon frères

1° Bien qu'un capitaine soit responsable de son arrimage, il n'est pas obligé d'en faire constater l'état officiellement, alors que le chargement se compose d'une seule et même espèce de marchandise (jutes dans l'espèce) qui ne peuvent s'avarier par contact, la casse ou le coulage et qu'il est établi que sur six cent-vingt balles du chargement cinq cent-quatre-vingt-dix étaient à l'état sain.

2° Lorsqu'il résulte du rapport des experts commis pour apprécier la nature et les causes des avaries que ces dernières proviennent d'infiltration d'eau de mer produite au cours du voyage et non d'un défaut d'arrimage ou d'une faute du capitaine, les avaries doivent être considérées comme une fortune de mer incombant aux assurances.

X contre X

Lorsqu'il appert que des erreurs existent dans un règlement d'avaries, l'homologation de la dispacha devra être ajournée. En cet état le règlement d'avaries pourra être renvoyé devant le même dispacheur ou tout autre qui, dans un nouveau travail, procèdera aux rectifications prescrites par le Tribunal et fournira les explications demandées.

Caubet contre assureurs et autres

Lorsque par un jugement préparatoire et sur leurs conclusions respectives, les parties sont renvoyées devant un juge auditeur pour procéder au règlement des comptes d'une gestion, elles ne sauraient se soustraire à l'examen et à la reddition des comptes.

2° La partie qui après avoir concouru à la vérification d'une partie des comptes et même approuvés, rejette de plano et sans examen les autres parties et demande à ce que le Tribunal statue sur des questions litigieuses sans vérification préalable devant le juge, n'est pas fondée dans son action. Elle doit en être déboutée et renvoyée de nouveau devant l'auditeur des comptes.

Oxéda contre Caubet

Lorsqu'il n'est pas établi qu'un mémoire ait été expressément commandé, mais qu'il est prouvé qu'il a été demandé à un certain moment et qu'il a été utile au défendeur pour le règlement à intervenir avec un architecte, l'auteur du mémoire doit être rémunéré de son travail dont la quotité sera arbitrée par le Tribunal.

Labat contre Lannes

1° Le laissé pour compte d'un chargement de froment est légitime et doit être validé lorsque l'expéditeur, dans son expédition, n'a pas rempli ou ne s'est pas conformé aux conditions essentielles et précises du marché.

2° Par suite, le porteur des traites et connaissement du chargement n'est pas recevable dans son action contre le destinataire en paiement du chargement contre la remise du connaissement.

Kraentler et Miécille contre
Dulournier et Hiribarren

Un marché pour un échange de marchandises conclu par un commis-voyageur non autorisé et sans mandat, n'engage pas la maison si le prétendu marché n'est pas accepté par elle, et lorsqu'il est établi par tous les faits et circonstances de la cause que, avant de ratifier le dit marché, l'acheteur devait recevoir des échantillons et les agréer. Les conditions de la vente se trouvant changées, le Tribunal du lieu où le commis-voyageur avait engagé le marché est incompétent.

Hariet contre Joubert aîné

1° Les marchandises livrées sur place, à quai, sont agréées lorsque l'acheteur, après avoir reçu la facture et estampillé la marchandise en son nom, en a payé la majeure partie sans protestation ni réserve.

2° La demande en expertise des dites marchandises à l'effet de vérifier si elles sont conformes aux échantillons est irrecevable en présence des circonstances de la cause, alors qu'il n'est argué d'aucune fraude et que les prétendus échantillons qui ont servi au traité ne sont pas scellés.

Scheneider et Compagnie contre Haurie

L'acheteur qui s'engage formellement à renvoyer les fûts vides à la gare du domicile du vendeur ne saurait à bon droit exciper de l'incompétence du Tribunal du lieu où les fûts devaient être rendus franco, alors surtout que les vins renfermés dans ces mêmes fûts étaient payables au domicile du vendeur.

Klotz contre Vigier

Lorsqu'un créancier d'une faillite demande à être admis par privilége pour une certaine somme représentant la valeur de marchandises consignées et qu'il n'apporte aucune preuve de la prétendue consignation, il doit être débouté de sa demande alors surtout qu'il est établi que les marchandises n'existent pas en nature, que le prix n'en est dû par aucun acheteur et que le demandeur a fait crédit du prix des vins au failli qui les a employés pour son commerce au su du vendeur.

Arréguy contre syndic Lissalde

Bien qu'un jugement ait rejeté une demande d'expertise pour des marchandises agréées et payées en partie, alors que les échantillons n'étaient pas cachetés et qu'aucune fraude n'était signalée, il appartient à la justice, dans un but d'ordre public et pour maintenir la loyauté qui doit présider aux transactions commerciales, de revenir sur une décision déjà prise et d'admettre l'expertise, lorsque, postérieurement au jugement, il semble acquis que les marchandises vendues ont été fraudées.

Haurie contre Scheneider

L'enseigne d'un magasin étant la propriété du commerçant, nul ne peut se l'approprier. Par conséquent, est recevable l'action en suppression d'enseigne et en dommages-intérêts contre le commerçant qui, sans autorisation, a occupé un magasin prenant l'enseigne d'autrui.

Veuve Domec contre dame Lotalo-Sulles

Bien que le vendeur ait livré une partie des marchandises vendues, lorsque des difficultés existent entre parties pour la livraison du solde, le marché devra être résilié. La résiliation causant un préjudice à l'acheteur, des dommages-intérêts lui seront accordés; mais lorsque l'acheteur aura de son côté occasionné un préjudice au vendeur en ne payant pas ses traites à leurs échéances, malgré que la provision existât, ce préjudice viendra en atténuation de ce qui sera alloué à l'acheteur.

Wacquez contre Maleyron

Le demandeur qui défère le serment décisoire au défendeur doit, après serment prêté, être débouté de son action et condamné aux dépens.

L. Tujan contre Durquet

Le capitaine de navire qui a reçu son plein chargement est obligé de prendre la mer au premier temps favorable. S'il stationne en rade, sans motifs, il est passible de dommages-intérêts envers le chargeur.

Dithurbide et Pérès contre le capitaine Dunsdale

Le destinataire d'une marchandise où l'on constate un déficit de poids considérable est fondé à refuser l'expédition, alors surtout que la Compagnie ne lui offre pas de lui tenir compte du manquant. Par suite, la Compagnie est obligée de tenir compte, non-seulement du manquant, mais à payer aussi des dommages-intérêts pour le préjudice causé par la non livraison de la marchandise dans les délais impartis.

Ducasse contre la Compagnie du Midi

Bien qu'une Compagnie de chemin de fer offre une indemnité pour le préjudice causé par suite du retard apporté dans la livraison des marchandises dont le transport lui a été confié, elle ne saurait se soustraire à une condamnation lorsque l'offre est insuffisante.

H. Molinié contre la Compagnie du Midi

Le co-propriétaire d'un navire figurant sur l'acte de francisation doit supporter les pertes ou recevoir les bénéfices de l'entreprise en proportion de ses parts. Il ne peut se soustraire aux obligations qui lui incombent en prétendant qu'il détient une partie des quirats à titre de nantissement et comme garantie des avances faites à un tiers, alors que, par acte authentique, le dit co-propriétaire a reconnu être légitime propriétaire des parts qui lui sont attribuées par l'acte de francisation.

Caubet contre Oréda, et Oréda contre Rose

Le vendeur qui ne livre pas la marchandise à son acheteur aux époques déterminées, et qui par ce fait lui cause un préjudice, est tenu de le réparer avec résiliation du marché.

Lorsque deux commerçants sont en désaccord sur leurs comptes et que les justifications suffisantes ne sont faites ni par le demandeur ni par le défendeur, il y a lieu d'arbitrer le chiffre des comptes.

Frois contre Courlade

Les compagnies des chemins de fer étant responsables des fautes ou erreurs qu'elles commettent, sont passibles de dommages-intérêts lorsqu'elles ne remettent pas les marchandises au véritable destinataire.

Baron contre la Compagnie du Midi

La veuve d'un commerçant, lorsqu'il est établi que des fournitures ont été faites du vivant de son mari, ne saurait se soustraire au paiement des dites fournitures, lorsqu'en possession de l'actif du mari elle se borne à déclarer que celui-ci ne devait rien au demandeur.

Pomarès contre veuve Brocas

Lorsque deux industriels conviennent de réparer une voiture pour la revendre ensuite sont en complet désaccord sur la question de savoir à qui incombe certaines réparations faites par un tiers, il y a lieu de décider que la dépense afférente à cette réparation devra être payée à frais communs, alors surtout qu'elle n'est de la compétence ni du demandeur ni du défendeur.

Barbe contre Jean Fois

L'acheteur d'appareils destinés à la fabrication des bougies dites couleuses ayant déjà servi, n'est pas fondé à refuser la livraison des dits appareils et d'en payer le prix convenu, alors qu'il résulte d'un premier rapport d'experts que les couleuses n'ont aucun vice propre, et d'un second rapport que les réparations faites par le vendeur, de quelques pièces accessoires dégradées par l'inaction des couleuses, mettaient les appareils en bon état et remplissaient les conditions de la vente.

Haurie contre d'Etcheverry

Le commerçant qui, par suite de sa retraite des affaires, cède un marché à livrer à son successeur, n'est pas recevable dans sa demande contre le vendeur en paiement de commission de un franc par hectolitre de vin pour cette cession, alors qu'elle était faite sans condition.

Le vendeur qui, gracieusement et dans un but de conciliation, avait offert une provision de cinquante centimes par hectolitre à son ancien correspondant, est fondé à retirer cette offre à l'audience quand le demandeur ne l'a pas acceptée.

Séris contre Peyras et Houzelle

Bien que le contrat de mariage contienne une clause excluant de la communauté d'acquêts les dettes personnelles de chacun des époux, le mari est responsable des dettes de sa femme, ancienne marchande publique, antérieures au mariage lorsque, d'après le contrat de mariage et suivant un inventaire commercial, dressé par les parties, la future épouse s'est constitué en matériel et marchandises un capital libre de toutes charges relatives à son commerce; qu'il est établi que ce capital, supérieur au passif, a été reçu par le mari et alors surtout que postérieurement à leur mariage le mari et la femme se sont reconnus débiteurs solidaires de leurs créanciers.

Est donc recevable et fondée l'action d'un créancier dont la créance est antérieure au mariage, tendant à son admission au passif de la faillite du mari.

Lacombe contre syndics de la faillite Locato-Salles.

L'acheteur de marchandises livrables chez un tiers, mis en demeure de retirer le complément de la livraison et d'en payer le prix, est non recevable dans son offre de preuves tendant à établir que la marchandise n'a pas été livrée en temps utile, quand cette offre est tardivement produite et alors qu'aucune protestation ne s'était élevée jusqu'au moment de l'instance.

Larran et compagnie contre Larran

TABLE

A.

B.

C.

Table (*Suite*)

Table (*Suite*)

Table (*Suite*)

Bayonne. — Imprimerie Lespès sœurs, 12, rue Chegaray.

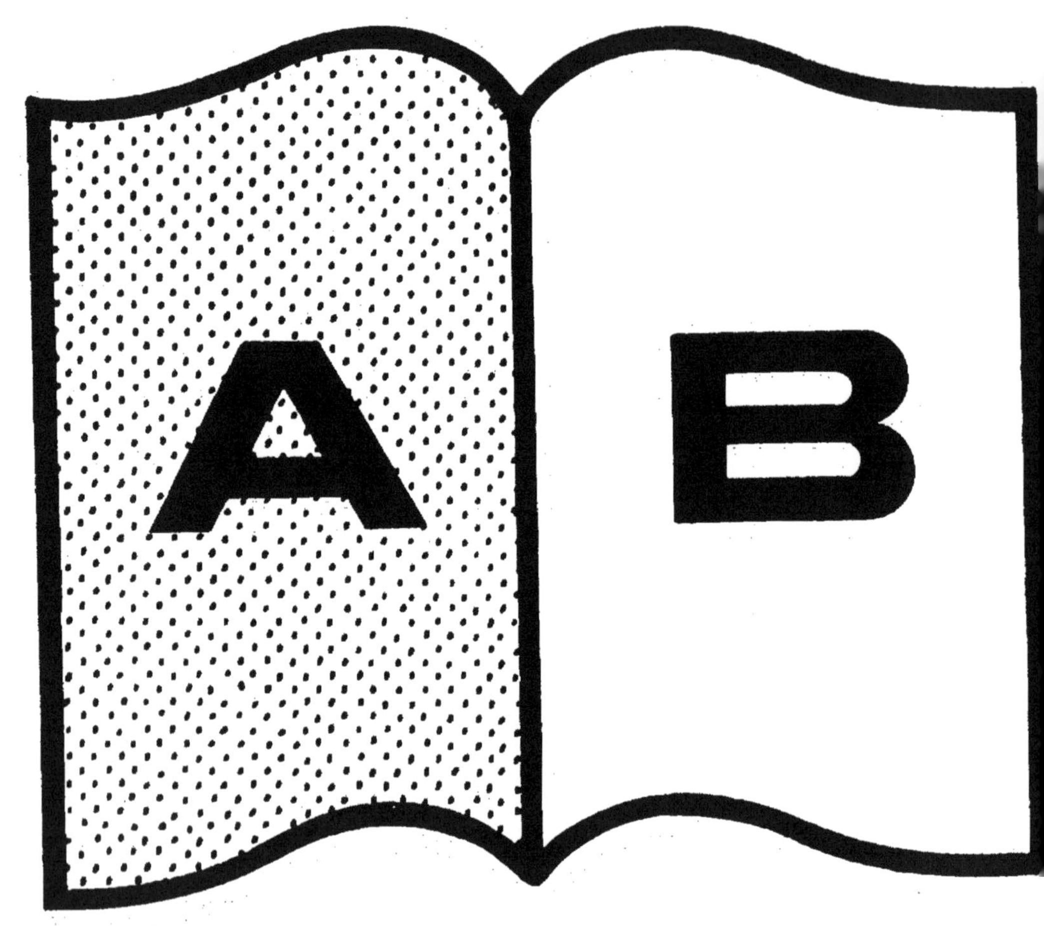

Contraste insuffisant

NF Z 43-120-14